Pancakes crêpes & blinis

Corinne Jausserand
Photographies de Caroline Faccioli

Albums LAROUSSE

Sommaire

LES PANCAKES

LES CRÊPES ET GALETTES

LES BLINIS

Cette recette inratable ne vous prendra que 5 minutes et, en outre, ne nécessite pas de repos. Les pancakes peuvent être préparés la veille et réchauffés au four à micro-ondes au dernier moment.

Pancakes au sirop d'érable

PRÉPARATION : 5 MIN

CUISSON : 3 MIN PAR PANCAKE

POUR 10 À 12 PANCAKES

> 2 œufs
> 25 cl de lait
> 4 cuill. à soupe de beurre fondu + 20 g pour la cuisson
> 200 g de farine
> 10 g de levure chimique
> 1 cuill. à soupe de sucre semoule
> 1 pincée de sel
> sirop d'érable

1 Dans un saladier, battez les œufs avec le lait. Ajoutez le beurre fondu.

2 Dans un autre saladier, mélangez la farine, la levure, le sucre et le sel, puis incorporez-y petit à petit le mélange œufs-lait-beurre. Fouettez le tout jusqu'à avoir une pâte lisse et homogène.

3 Beurrez une poêle à pancakes et faites-la chauffer. Versez une louche de pâte sur 1/2 cm d'épaisseur. Faites cuire à feu moyen jusqu'à ce que des bulles se forment à la surface. Soulevez le pancake à l'aide d'une spatule. Si le dessous est doré, retournez-le. Laissez cuire 1 minute de plus. Empilez les pancakes les uns sur les autres et gardez-les au chaud. Servez-les généreusement arrosés de sirop d'érable.

1

2

3

Ce pancake est particulièrement apprécié des enfants. Proposez-le, par exemple, à l'heure du goûter ! Cela dit, les amateurs de chocolat y trouveront aussi leur compte !

Pancakes à la banane et au chocolat

PRÉPARATION : 15 MIN

CUISSON : 10 MIN
+ 3 MIN PAR PANCAKE

POUR 10 À 12 PANCAKES

- > 2 œufs
- > 25 cl de lait
- > 4 cuill. à soupe de beurre fondu + 20 g pour la cuisson
- > 200 g de farine
- > 10 g de levure chimique
- > 1 cuill. à soupe de sucre semoule
- > 1 pincée de sel
- > 4 bananes
- > 20 g de cassonade

Pour le coulis au chocolat

- > 15 cl de lait
- > 200 g de bon chocolat pâtissier (minimum 54 % de cacao)

Dans un saladier, battez les œufs avec le lait. Ajoutez le beurre fondu. Dans un autre saladier, mélangez la farine, la levure, le sucre et le sel, puis incorporez-y petit à petit le mélange œufs, lait et beurre. Fouettez le tout jusqu'à avoir une pâte lisse et homogène.

Pelez les bananes et coupez-les en rondelles d'environ 1/2 cm d'épaisseur.

Beurrez légèrement une poêle à pancakes et faites-la chauffer. Versez une petite louche de pâte dans la poêle sur une épaisseur d'environ 1/2 cm. Disposez quelques rondelles de banane sur le dessus de la pâte et saupoudrez de cassonade. Faites cuire à feu doux jusqu'à ce que des bulles se forment à la surface. Puis, à l'aide d'une spatule, retournez le pancake. Laissez cuire 1 ou 2 minutes de plus. Les bananes doivent caraméliser et prendre une teinte dorée.

Préparez le coulis au chocolat. Portez le lait à ébullition dans une casserole. Ajoutez le chocolat préalablement coupé en morceaux. Mélangez le tout jusqu'à ce que la consistance soit lisse et brillante. Retirez du feu. Nappez les pancakes à volonté de ce chocolat onctueux.

Suggestion : Si vous faites fondre le chocolat au four à micro-ondes, mettez le lait et le chocolat en morceaux dans un saladier en verre. Chauffez, puis remuez jusqu'à avoir une consistance homogène.

Petite baie sauvage à la saveur acidulée, la myrtille, outre son goût irrésistible, est excellente pour la santé. L'été, vous la trouverez sur les étals de vos marchés, mais si vous la choisissez surgelée, ne la faites surtout pas décongeler... Elle rendrait trop d'eau et décolorerait la pâte.

Pancakes aux myrtilles et crème au mascarpone

PRÉPARATION : 15 MIN
CUISSON : 3 MIN PAR PANCAKE

POUR 10 À 12 PANCAKES

> 2 œufs
> 25 cl de lait
> 4 cuill. à soupe de beurre fondu + 20 g pour la cuisson
> 200 g de farine
> 10 g de levure chimique
> 1 cuill. à soupe de sucre semoule
> 1 pincée de sel
> 250 g de myrtilles

Pour la crème au mascarpone

> 125 g de mascarpone
> 100 g de crème fraîche
> 75 g de sucre semoule
> le jus de 1/2 citron

Dans un saladier, battez les œufs avec le lait. Ajoutez le beurre fondu. Dans un autre saladier, mélangez la farine, la levure, le sucre et le sel, puis incorporez-y petit à petit le mélange œufs, lait et beurre. Fouettez le tout jusqu'à avoir une pâte lisse et homogène. Ajoutez délicatement les myrtilles. Remuez tout doucement afin de ne pas écraser les fruits.

Beurrez légèrement une poêle à pancakes et faites-la chauffer. Versez une petite louche de pâte sur une épaisseur d'environ 1/2 cm. Faites cuire à feu doux jusqu'à ce que des bulles e forment à la surface. Puis, à l'aide d'une spatule, retournez le pancake. Laissez cuire 1 ou 2 minutes de plus.

Préparez la crème au mascarpone. Mettez le mascarpone et la crème fraîche dans un saladier. Ajoutez le sucre et battez vivement à l'aide d'un fouet. Versez le jus de citron. Placez au frais quelques minutes. Servez cette crème avec les pancakes.

Variante : Remplacez les myrtilles par des groseilles ou mélangez-les.

Vous pouvez également ajouter quelques éclats de noisettes grillées à la pâte à pancakes... Leur croquant contrastera agréablement avec le fondant des poires.

Pancakes aux poires caramélisées

PRÉPARATION : 15 MIN

CUISSON : 10 MIN
+ 3 MIN PAR PANCAKE

POUR 10 À 12 PANCAKES

> 2 œufs
> 25 cl de lait
> 4 cuill. à soupe de beurre fondu + 20 g pour la cuisson
> 180 g de farine
> 50 g de noisettes en poudre
> 10 g de levure chimique
> 1 cuill. à soupe de sucre semoule
> 1 pincée de sel

Pour la garniture

> 3 poires
> 1/2 cuill. à café de cannelle
> 1 pincée de gingembre moulu
> 1/2 gousse de vanille
> 2 cuill. à soupe de miel
> 20 g de noisettes

Dans un saladier, battez les œufs avec le lait. Ajoutez le beurre fondu. Dans un autre saladier, mélangez la farine, les noisettes en poudre, la levure, le sucre et le sel, puis incorporez-y petit à petit le mélange œufs, lait et beurre. Fouettez le tout jusqu'à avoir une pâte lisse et homogène.

Beurrez une poêle à pancakes et faites-la chauffer. Versez une petite louche de pâte sur une épaisseur d'environ 1/2 cm. Faites cuire à feu moyen jusqu'à ce que des bulles se forment à la surface. Puis, à l'aide d'une spatule, retournez le pancake. Laissez cuire 1 minute de plus. Empilez les pancakes les uns sur les autres et gardez-les au chaud.

Préparez la garniture. Pelez les poires, ôtez leur cœur et coupez-les en morceaux. Beurrez une poêle. Versez-y les poires et saupoudrez-les de cannelle et de gingembre. Ouvrez la gousse de vanille en deux dans le sens de la longueur. À l'aide de la pointe d'un couteau, retirez les graines et ajoutez-les. Laissez cuire les fruits en remuant de temps en temps, pendant environ 3 minutes, puis ajoutez le miel. Les poires vont ainsi commencer à caraméliser. Quand elles ont pris une jolie couleur dorée et qu'elles sont cuites, arrêtez la cuisson. Faites griller les noisettes à sec dans une petite poêle. Concassez-les et ajoutez-les aux poires caramélisées.

Servez les poires sur les pancakes chauds.

Un peu de cacao suffit pour obtenir des pancakes au chocolat, très simples à réaliser et délicieux servis avec une crème fouettée ! Une recette idéale pour le goûter et le petit déjeuner.

Pancakes au chocolat et crème fouettée

PRÉPARATION : 10 MIN

CUISSON : 2 MIN PAR PANCAKE

POUR 10 À 12 PANCAKES

> 2 œufs
> 25 cl de lait
> 4 cuill. à soupe de beurre fondu + 20 g pour la cuisson
> 200 g de farine
> 20 g de cacao en poudre non sucré
> 10 g de levure chimique
> 2 cuill. à soupe de sucre semoule
> 1 pincée de sel

Pour la crème fouettée

> 50 cl de crème liquide très froide

Dans un saladier, battez les œufs avec le lait. Ajoutez le beurre fondu. Dans un autre saladier, mélangez la farine, le cacao, la levure, le sucre et le sel, puis incorporez-y petit à petit le mélange œufs, lait et beurre. Fouettez le tout jusqu'à avoir une pâte lisse et homogène.

Beurrez légèrement la poêle et faites-la chauffer. Versez une petite louche de pâte dans la poêle sur une épaisseur d'environ 1/2 cm. Faites cuire à feu doux jusqu'à ce que des bulles se forment à la surface. Puis retournez le pancake. Laissez cuire 30 secondes de plus. Empilez les pancakes les uns sur les autes et gardez-les au chaud.

Préparez la crème fouettée. Placez quelques minutes, voire 1 heure, un saladier et les fouets d'un batteur au frais. Fouettez la crème liquide jusqu'à ce qu'elle se transforme en « chantilly » (contrairement à cette dernière, la crème fouettée n'est pas sucrée. Si vous le souhaitez, incorporez 100 g de sucre glace avant de la fouetter).

Servez les pancakes avec la crème fouettée, éventuellement saupoudrée de cacao.

Parfumée et savoureuse, cette compotée de fruits secs s'harmonise idéalement avec les pancakes aux noix de pécan. À déguster sans modération !

Pancakes aux noix de pécan

PRÉPARATION : 20 MIN

CUISSON : 20 MIN
+ 3 MIN PAR PANCAKE

POUR 10 À 12 PANCAKES

> 2 œufs
> 25 cl de lait
> 4 cuill. à soupe de beurre fondu + 20 g pour la cuisson
> 200 g de farine
> 10 g de levure chimique
> 1 cuill. à soupe de sucre semoule
> 1 pincée de sel
> 150 g de noix de pécan

Pour la compotée

> 5 kumquats
> 70 g d'abricots secs
> 80 g de figues séchées
> 80 g de raisins secs
> 6 dattes séchées
> 1 étoile de badiane
> 1 bâton de cannelle
> 3 cuill. à soupe de miel

Dans un saladier, battez les œufs avec le lait. Ajoutez le beurre fondu. Dans un autre saladier, mélangez la farine, la levure, le sucre et le sel, puis incorporez-y petit à petit le mélange œufs, lait et beurre. Fouettez le tout jusqu'à avoir une pâte lisse et homogène. Coupez les noix de pécan en morceaux et incorporez-les à la pâte.

Beurrez une poêle à pancakes et faites-la chauffer. Versez une louche de pâte dans la poêle sur une épaisseur d'environ 1/2 cm. Faites cuire à feu doux jusqu'à ce que des bulles se forment à la surface, puis retournez le pancake et laissez cuire 1 ou 2 minutes de plus. Empilez les pancakes les uns sur les autres.

Préparez la compotée de fruits secs. Portez 20 cl d'eau à frémissements dans une casserole. Coupez les kumquats en rondelles et ajoutez-les avec tous les fruits secs entiers dans la casserole. Ajoutez la badiane, le bâton de cannelle et le miel. Remuez et laissez mijoter tout doucement en remuant de temps en temps pendant environ 20 minutes. Laissez tiédir et servez avec les pancakes.

Conseil : Si l'eau est absorbée avant que les fruits soient cuits, ajoutez de l'eau. La compotée doit être juteuse pour napper les pancakes.

Des pancakes qui ont le goût du pain d'épice, c'est amusant et original ! Servez-les accompagnés de miel ou d'une boule de glace à la vanille saupoudrée de cannelle.

Pancakes aux épices

PRÉPARATION : 5 MIN

CUISSON : 3 MIN
PAR PANCAKE

POUR 10 À 12 PANCAKES

> 2 œufs
> 25 cl de lait
> 4 cuill. à soupe de beurre fondu + 20 g pour la cuisson
> 200 g de farine
> 10 g de levure chimique
> 1 cuill. à soupe de sucre semoule
> 1 pincée de sel
> 1 cuill. à soupe d'eau de fleur d'oranger
> 1 cuill. à café de cannelle
> 3 cuill. à café de mélange d'épices pour pain d'épice

Dans un saladier, battez les œufs avec le lait. Ajoutez le beurre fondu. Dans un autre saladier, mélangez la farine, la levure, le sucre et le sel, puis incorporez-y petit à petit le mélange œufs, lait et beurre. Fouettez le tout jusqu'à avoir une pâte lisse et homogène. Ajoutez ensuite l'eau de fleur d'oranger et les épices. Remuez.

Beurrez légèrement une poêle à pancakes et faites-la chauffer. Versez une petite louche de pâte dans la poêle sur une épaisseur d'environ 1/2 cm. Faites cuire à feu doux jusqu'à ce que des bulles se forment à la surface, puis retournez le pancake. Laissez cuire 1 minute de plus. Empilez les pancakes les uns sur les autres et gardez-les au chaud.

Suggestion : Ces pancakes peuvent être réchauffés au dernier moment au four à micro-ondes.

Conseil : À défaut de mélange d'épices tout prêt, mélangez 1 cuillerée à café de gingembre, 1 cuillerée à café de graines d'anis, un peu de noix de muscade et 1 pincée de cumin.

Voici un pancake très « girly » à arroser de sirop de rose ou à servir accompagné d'une gelée de pétales de rose… Très raffiné !

Pancakes aux pralines roses

PRÉPARATION : 15 MIN
CUISSON : 3 MIN PAR PANCAKE

POUR 10 À 12 PANCAKES

> 30 pralines roses (environ 150 g)
> 2 œufs
> 25 cl de lait
> 4 cuill. à soupe de beurre fondu + 20 g pour la cuisson
> 200 g de farine
> 10 g de levure chimique
> 1 cuill. à soupe de sucre semoule
> 1 pincée de sel
> 2 cuill. à soupe d'eau de rose

À l'aide d'un rouleau à pâtisserie, écrasez les pralines roses. Réservez.

Dans un saladier, battez les œufs avec le lait. Ajoutez le beurre fondu. Dans un autre saladier, mélangez la farine, la levure, le sucre et le sel, puis incorporez-y petit à petit le mélange œufs, lait et beurre. Fouettez le tout jusqu'à avoir une pâte lisse et homogène. Ajoutez l'eau de rose et les pralines concassées (gardez-en quelques-unes pour la décoration). Remuez à nouveau.

Beurrez légèrement une poêle à pancakes et faites-la chauffer. Versez une petite louche de pâte dans la poêle sur une épaisseur d'environ 1/2 cm. Faites cuire à feu doux jusqu'à ce que des bulles se forment à la surface, puis, à l'aide d'une spatule, retournez le pancake. Laissez cuire 1 minute de plus. Empilez les pancakes les uns sur les autres et gardez-les au chaud.

Suggestion : Arrosez généreusement ces pancakes de sirop de rose et saupoudrez-les de quelques éclats de praline.

Cette recette ne contient pas de gluten. Vous trouverez la farine de châtaigne dans les épiceries biologiques et même dans certaines grandes surfaces.

Pancakes à la farine de châtaigne et au sésame

PRÉPARATION : 10 MIN

CUISSON : 2 MIN PAR PANCAKE

REPOS : 1 H

POUR 10 À 12 PANCAKES

> 200 g de farine de châtaigne
> 10 g de levure chimique
> 1 cuill. à soupe de sucre semoule
> 2 cuill. à soupe de graines de sésame
> 1 pincée de sel
> 2 œufs
> 25 cl de lait
> 5 cuill. à soupe de beurre fondu + 20 g pour la cuisson

Dans un saladier, mélangez la farine de châtaigne, la levure, le sucre, les graines de sésame et le sel. Séparez les blancs d'œufs des jaunes. Dans un autre saladier, fouettez ensemble les jaunes d'œufs, le lait et le beurre fondu. Mélangez petit à petit les ingrédients des deux saladiers et fouettez jusqu'à avoir une pâte lisse et homogène. Montez les blancs d'œufs en neige et incorporez-les délicatement à la pâte. Laissez reposer 1 heure.

Beurrez légèrement une poêle à pancakes et faites-la chauffer. Versez une petite louche de pâte dans la poêle sur une épaisseur d'environ 1 cm. Faites cuire à feu doux jusqu'à ce que des bulles se forment à la surface. Puis, à l'aide d'une spatule, retournez le pancake. Laissez cuire 1 minute de plus.

Conseil : Les pancakes à la farine de châtaigne cuisent plus rapidement que ceux à la farine de blé. Il est donc très important, afin qu'ils conservent leur moelleux, de les faire cuire à feu très doux.

Suggestion : Servez ces pancakes accompagnés de crème de marron.

D'origine anglaise, le crumpet se sert au petit déjeuner. Il s'agit d'un pancake épais et plein de trous. Arrosez-le de miel, de sirop d'érable ou tartinez-le de beurre…

Crumpets

PRÉPARATION : 10 MIN

CUISSON : 5 MIN PAR CRUMPET

REPOS : 1 H

POUR 10 À 12 CRUMPETS

> 250 g de farine
> 1 cuill. à café rase de sel
> 15 cl de lait
> 20 cl d'eau
> 7 g de levure de boulanger déshydratée

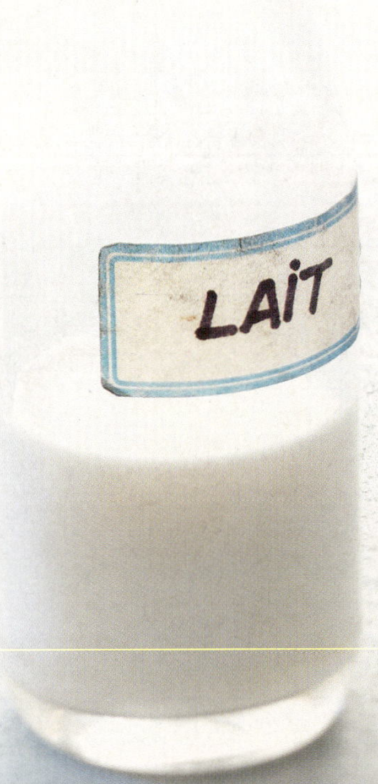

Versez la farine et le sel dans un saladier.

Versez le lait et l'eau dans un bol et faites-les tiédir très légèrement au four à micro-ondes. Diluez la levure dans le liquide tiède, puis incorporez ce mélange petit à petit à la farine en fouettant vigoureusement pendant au moins 2 minutes. La pâte doit être très élastique, voire collante. Laissez-la lever pendant au moins 1 heure et ne la mélangez plus.

Beurrez un cercle à pâtisserie d'environ 10 cm de diamètre, déposez-le sur une poêle légèrement beurrée. Quand la poêle est chaude, versez une petit louche de pâte dans le cercle, sur une épaisseur d'environ 1 cm, et laissez cuire tout doucement. Des bulles doivent se former à la surface du crumpet. Lorsque le dessus est sec, c'est que le crumpet est cuit. À ce moment, enlevez le cercle à l'aide d'un torchon et retournez le crumpet. Laissez-le cuire encore 1 minute : il doit rester moelleux et ne pas se dessécher.

Conseil : Si vous ne mangez pas vos crumpets tout de suite, réchauffez-les au grille-pain, ils seront bien meilleurs !

Une recette de crêpe classique et très simple à réaliser. À vous de la personnaliser en la parfumant selon vos goûts : zestes d'orange ou de citron, eau de fleur d'oranger, extrait de vanille... Même sans repos, ces crêpes seront délicieuses.

Crêpes au froment

PRÉPARATION : 5 MIN

CUISSON : 2 MIN PAR CRÊPE

REPOS : 1 H

POUR 6 À 8 CRÊPES

> 2 œufs
> 25 cl de lait
> 30 g de beurre fondu + 20 g pour la cuisson
> 100 g de farine
> 2 pincées de sel
> 1 cuill. à soupe d'eau de fleur d'oranger ou 1 cuill. à soupe d'extrait naturel de vanille (facultatif)

1 Dans un saladier, battez les œufs avec le lait et le beurre fondu à l'aide d'un fouet.

2 Dans un autre saladier, mélangez la farine et le sel. Creusez un puits au centre et versez petit à petit le mélange œufs, lait et beurre. Battez énergiquement à l'aide d'un fouet. Ajoutez selon vos goûts de l'eau de fleur d'oranger ou de l'extrait de vanille pour parfumer la pâte. Remuez à nouveau et laissez reposer la pâte au moins 1 heure.

3 Faites chauffer une poêle à pancakes légèrement beurrée. Versez une petite louche de pâte et tournez la poêle pour bien répartir la pâte. Laissez cuire jusqu'à ce que les bords se décollent. À l'aide d'une spatule, retournez la crêpe et prolongez la cuisson de 1 minute.

Conseil : Beurrez la poêle entre chaque crêpe avec un morceau de gaze ou de tissu fin imprégné de beurre.

1

2

3

Pour gagner du temps, préparez les crêpes à l'avance, voire la veille, et garnissez-les au dernier moment. Le lemon curd est une crème au citron d'origine anglaise. Il est maintenant très facile d'en trouver en supermarché.

Nems à la crème citronnée

PRÉPARATION : 15 MIN

CUISSON : 2 MIN PAR CRÊPE

REPOS : 1 H

POUR 6 À 8 CRÊPES

- > 2 œufs
- > 25 cl de lait
- > 30 g de beurre fondu + 20 g pour la cuisson
- > 100 g de farine
- > 2 pincées de sel
- > 1 cuill. à soupe de zeste de citron ou d'arôme de citron

Pour la crème citronnée

- > 100 g de fromage frais (de type Saint-Morêt)
- > 2 cuill. à soupe de fromage blanc
- > 50 g de lemon curd
- > 1 cuill. à soupe de sucre glace

Dans un saladier, battez les œufs avec le lait et le beurre fondu à l'aide d'un fouet. Dans un autre saladier, mélangez la farine et le sel. Creusez un puits au centre et versez petit à petit le mélange œufs, lait et beurre. Battez énergiquement à l'aide d'un fouet. Ajoutez le zeste ou l'arôme de citron pour parfumer la pâte. Remuez à nouveau et laissez reposer la pâte au moins 1 heure.

Faites chauffer la poêle légèrement beurrée. Versez une petite louche de pâte et tournez la poêle pour bien répartir la pâte. Laissez cuire jusqu'à ce que les bords se décollent. À l'aide d'une spatule, retournez la crêpe et prolongez la cuisson de 1 minute. Réservez les crêpes.

Préparez la crème citronnée. Mélangez dans un saladier le fromage frais, le fromage blanc, le lemon curd et le sucre glace jusqu'à obtention d'une crème onctueuse.

Une fois refroidies, tartinez les crêpes de ce mélange sur 2 ou 3 mm d'épaisseur. Rabattez un côté de la crêpe sur environ 3 cm. Puis enroulez-la sur elle-même de façon à former une sorte de « cigare ».

L'alliance des pommes caramélisées
et du caramel au beurre salé est divine.
Laissez-vous tenter !

Aumônières aux pommes et au caramel au beurre salé

PREPARATION : 15 MIN

CUISSON : 20 MIN
+ 2 MIN PAR CRÊPE

REPOS : 1 H

POUR 6 À 8 CRÊPES

> 2 œufs
> 25 cl de lait
> 30 g de beurre fondu
+ 20 g pour la cuisson
> 100 g de farine
> 2 pincées de sel

Pour les pommes caramélisées

> 3 pommes type golden
> 3 cuill. à soupe de raisins secs
> 2 cuill. à soupe de miel
> 1 cuill. à café de cannelle

Pour le caramel au beurre salé

> 90 g de sucre semoule
> 20 cl de crème liquide tiède
> 40 g de beurre salé

Dans un saladier, battez les œufs avec le lait et le beurre fondu à l'aide d'un fouet. Dans un autre saladier, mélangez la farine et le sel. Creusez un puits au centre et versez petit à petit le mélange œufs, lait et beurre. Battez énergiquement à l'aide d'un fouet. Laissez reposer la pâte au moins 1 heure.

Faites chauffer une poêle à crêpes légèrement beurrée. Versez une petite louche de pâte et tournez la poêle pour bien répartir la pâte. Laissez cuire jusqu'à ce que les bords se décollent. À l'aide d'une spatule, retournez la crêpe et prolongez la cuisson de 1 minute. Empilez les crêpes au fur et à mesure et gardez-les au chaud.

Préparez les pommes caramélisées. Pelez les pommes et coupez-les en petits cubes. Beurrez une poêle et disposez-y les morceaux de pomme, les raisins secs, le miel et la cannelle. Faites dorer quelques minutes tout en remuant.

Préparez le caramel au beurre salé. Étalez uniformément le sucre dans une poêle. Faites-le chauffer à feu moyen sans remuer jusqu'à ce qu'il se transforme en un caramel blond. Versez alors la crème liquide tiède sur le caramel. Laissez cuire 2 minutes sans cesser de remuer. Hors du feu, ajoutez le beurre tout en mélangeant.

Posez chaque crêpe à plat, mettez des pommes caramélisées au centre. Arrosez le tout de caramel au beurre salé et formez une aumônière. Maintenez-la fermée à l'aide d'un long zeste d'orange, d'une ficelle ou d'une pique en bois. Servez aussitôt.

Ces crêpes au subtil goût de noix de coco sont très légères. Elles se marient très bien avec du chocolat chaud ou des fruits exotiques. Vous allez en raffoler !

Crêpes au lait de coco et coulis au chocolat

PRÉPARATION : 10 MIN

CUISSON : 5 MIN
+ 2 MIN PAR CRÊPE

REPOS : 1 H

POUR 6 À 8 CRÊPES

> 2 œufs
> 25 cl de lait de coco
> 10 cl de lait
> 20 g de beurre fondu + 20 g pour la cuisson
> 125 g de farine
> 1 pincée de sel
> le zeste de 1 citron vert

Pour le coulis

> 15 cl de lait
> 200 g de chocolat pâtissier (minimum 54 % de cacao)

Dans un saladier, battez les œufs avec le lait de coco, le lait et le beurre fondu à l'aide d'un fouet. Dans un autre saladier, mélangez la farine et le sel. Creusez un puits au centre et versez petit à petit le mélange œufs, lait et beurre. Battez énergiquement à l'aide d'un fouet. Ajoutez le zeste de citron pour parfumer la pâte. Remuez à nouveau et laissez reposer la pâte au moins 1 heure.

Faites chauffer une poêle à crêpes légèrement beurrée. Versez une petite louche de pâte et tournez la poêle pour bien répartir la pâte. Laissez cuire jusqu'à ce que les bords se décollent. À l'aide d'une spatule, retournez la crêpe et prolongez la cuisson de 1 minute. Empilez les crêpes et gardez-les au chaud.

Préparez le coulis au chocolat. Portez le lait à ébullition dans une casserole. Ajoutez-y le chocolat préalablement coupé en morceaux. Mélangez le tout jusqu'à l'obtention d'une consistance lisse et brillante. Retirez du feu. Nappez les crêpes de chocolat chaud et servez.

Suggestion : Parsemez les crêpes de quelques amandes effilées ou de noix de coco râpée.

La crêpe Suzette fait partie des recettes incontournables ! Servie au dessert, elle est toujours appréciée et laissera vos invités ravis et satisfaits car elle produit inmanquablement beaucoup d'effet !

Crêpes Suzette

PRÉPARATION : 15 MIN

CUISSON : 20 MIN
+ 2 MIN PAR CRÊPE

REPOS : 1 H

POUR 6 À 8 CRÊPES

> 2 œufs
> 25 cl de lait
> 30 g de beurre fondu + 20 g pour la cuisson
> 100 g de farine
> 2 pincées de sel
> 1 cuill. à soupe d'eau de fleur d'oranger ou 1 cuill. à soupe d'extrait naturel de vanille (facultatif)

Pour la garniture

> 2 oranges
> 1 citron
> 70 g de sucre
> 100 g de beurre en morceaux
> 5 cl de liqueur Grand Marnier® ou de rhum

Dans un saladier, battez les œufs avec le lait et le beurre fondu à l'aide d'un fouet. Dans un autre saladier, mélangez la farine et le sel. Creusez un puits au centre et versez petit à petit le mélange œufs, lait et beurre. Fouettez énergiquement. Ajoutez l'eau de fleur d'oranger ou l'extrait de vanille. Remuez à nouveau et laissez reposer la pâte au moins 1 heure.

Chauffez une poêle à crêpes légèrement beurrée. Versez une petite louche de pâte et tournez la poêle pour bien répartir la pâte. Laissez cuire jusqu'à ce que les bords se décollent. À l'aide d'une spatule, retournez la crêpe et prolongez la cuisson de 1 minute. Empilez les crêpes sur une assiette.

Préparez la garniture. Râpez le zeste de 1 orange. Pressez les 2 oranges et le citron. Saupoudrez de sucre le fond de la poêle chaude. Lorsqu'il commence à caraméliser, ajoutez le jus de fruits et les zestes. Faites réduire tout doucement jusqu'à avoir un caramel blond. Ajoutez aussitôt le beurre. Remuez bien. Versez la liqueur et laissez réduire. Arrêtez la cuisson quand le jus est sirupeux. Passez les crêpes une à une dans la poêle en les tournant de chaque côté. Puis, toujours dans la poêle, pliez-les en deux, puis encore en deux afin qu'elles s'imbibent bien du jus. Servez chaud.

Cette recette aux saveurs exotiques est très légère !
Vous pouvez l'accompagner d'une boule de glace à la vanille !

Crêpes à la mangue flambées au rhum

PRÉPARATION : 30 MIN

CUISSON : 10 MIN
+ 2 MIN PAR CRÊPE

REPOS : 1 H

POUR 6 À 8 CRÊPES

> 2 œufs
> 25 cl de lait
> 30 g de beurre fondu
+ 20 g pour la cuisson
> 100 g de farine
> 2 pincées de sel
> 1 gousse de vanille

Pour la garniture

> 2 mangues
> 2 cuill. à soupe de miel
> 3 cl de rhum
> quelques pistaches

Dans un saladier, battez les œufs avec le lait et le beurre fondu à l'aide d'un fouet. Dans un autre saladier, mélangez la farine et le sel. Creusez un puits au centre et versez petit à petit le mélange œufs, lait et beurre. Battez énergiquement à l'aide d'un fouet. Coupez la gousse de vanille en deux dans le sens de la longueur et, à l'aide de la pointe d'un couteau, grattez les graines et mélangez-les à la pâte. Laissez reposer la pâte au moins 1 heure.

Faites chauffer une poêle à crêpes légèrement beurrée. Versez une petite louche de pâte et tournez la poêle pour bien répartir la pâte. Laissez cuire jusqu'à ce que les bords se décollent. À l'aide d'une spatule, retournez la crêpe et prolongez la cuisson de 1 minute. Empilez les crêpes sur une assiette.

Préparez la garniture. Pelez les mangues et coupez-les en deux de part et d'autre du noyau central. Recoupez chaque moitié en lamelles de 1/2 cm de large. Beurrez la poêle. Disposez dedans les lamelles de mangue, arrosez le tout de miel et faites-les dorer 2 ou 3 minutes de chaque côté. Elles doivent se colorer légèrement. Arrêtez la cuisson et versez immédiatement le rhum sur les mangues encore très chaudes. À l'aide d'une allumette, faites flamber les mangues. Laissez refroidir 2 minutes.

Dressez les assiettes. Pour cela, réchauffez légèrement les crêpes au four à micro-ondes. Disposez sur la moitié de chaque crêpe des lamelles de mangue et saupoudrez de quelques éclats de pistaches grillées. Rabattez l'autre moitié de la crêpe sur les mangues.

Cette recette, typiquement bretonne, est facile et rapide à réaliser. Et en plus, elle fait l'unanimité auprès des petits comme des grands !

Galettes au sarrasin au jambon et à l'œuf

PRÉPARATION : 10 MIN

CUISSON : 3 MIN PAR GALETTE

REPOS : 1 H

POUR 6 À 8 GALETTES

> 2 œufs
> 25 cl d'eau
> 30 g de beurre fondu + 20 g pour la cuisson
> 100 g de farine de sarrasin
> 30 g de farine de blé
> 2 pincées de sel

Pour la garniture

> 200 g de gruyère râpé
> 8 œufs
> 8 tranches fines de jambon blanc
> sel et poivre du moulin

Dans un saladier, battez les œufs avec l'eau et le beurre fondu. Dans un autre saladier, mélangez les deux farines et le sel. Creusez un puits au centre et versez petit à petit le mélange œufs, eau et beurre. Battez énergiquement à l'aide d'un fouet pour obtenir une pâte fluide et sans grumeaux. Laissez reposer 1 heure. Si la pâte est trop épaisse, ajoutez un peu d'eau pour la fluidifier.

Faites chauffer une poêle à crêpes légèrement beurrée. Versez une petite louche de pâte et tournez la poêle pour bien répartir la pâte. Laissez cuire jusqu'à ce que les bords se décollent. À l'aide d'une spatule, retournez la galette et prolongez la cuisson de 1 minute. Empilez les galettes sur une assiette.

Disposez une galette sur la poêle préalablement beurrée. Parsemez d'un peu de gruyère et cassez 1 œuf au milieu. Coupez les tranches de jambon en lamelles et disposez-en sur la galette tout autour de l'œuf. Salez et poivrez. Laissez cuire 3 minutes à feu doux le temps que l'œuf soit pris, puis rabattez les quatre côtés de la galette vers le milieu. Procédez ainsi pour les autres galettes. Servez chaud.

Pour un dîner entre amis, préparez un délicieux repas à la mexicaine grâce à ces galettes à base de farine de maïs que vos convives garniront à leur guise ! Simple et convivial...

Galettes mexicaines à la farine de maïs

PRÉPARATION : 20 MIN

CUISSON : 15 MIN
+ 3 MIN PAR GALETTE

POUR 6 À 8 GALETTES

> 2 œufs
> 15 cl de lait
> 10 cl d'eau
> 100 g de farine de maïs
> 1 pincée de sel
> 30 g de beurre fondu pour la cuisson

Pour la garniture

> 1 poivron rouge
> 1 poivron jaune
> 2 oignons
> 600 g de blancs de poulet
> 20 g de beurre pour la cuisson
> 2 cuill. à soupe de crème fraîche
> 1 cuill. à café d'épices mexicaines
> sel et poivre du moulin

Dans un saladier, battez les œufs avec le lait et l'eau. Dans un autre saladier, mélangez la farine et le sel. Creusez un puits et versez petit à petit les œufs battus. Fouettez énergiquement.

Chauffez une poêle à crêpes légèrement beurrée. Versez une louche de pâte et tournez la poêle pour bien répartir la pâte. Quand les bords se décollent, retournez la galette à l'aide d'une spatuel et prolongez la cuisson de 1 minute. Empilez les galettes sur une assiette et couvrez-les de film alimentaire pour les garder au chaud et qu'elles ne se dessèchent pas.

Détaillez les poivrons épépinés en fines lamelles. Pelez et coupez en lamelles les oignons. Coupez les blancs de poulet en fines lanières. Beurrez une poêle, et faites revenir les oignons et les poivrons jusqu'à ce qu'ils se colorent. Réservez. Poêlez à feu vif les blancs de poulet de 5 à 10 minutes dans un peu de beurre jusqu'à ce qu'ils soient dorés. Baissez le feu, ajoutez les oignons, les poivrons, la crème fraîche et les épices. Salez et poivrez. Remuez pour bien lier les ingrédients et arrêtez la cuisson.

Servez les galettes chaudes et la préparation au poulet et laissez chacun les garnir à sa guise.

Voici une façon originale de présenter vos galettes ! Ces pannequets peuvent être servis en entrée accompagnés d'une salade verte !

Pannequets au chèvre et aux abricots

PRÉPARATION : 15 MIN

CUISSON : 3 MIN PAR GALETTE

REPOS : 1 H

POUR 6 À 8 GALETTES

> 2 œufs
> 25 cl d'eau
> 30 g de beurre fondu + 20 g pour la cuisson
> 100 g de farine de sarrasin
> 30 g de farine de blé
> 2 pincées de sel

Pour la garniture

> 2 crottins de Chavignol
> 150 g de fromage de chèvre frais (type Petit Billy ou Chavrou)
> 120 g d'abricots secs
> sel et poivre du moulin

Dans un saladier, battez les œufs avec l'eau et le beurre fondu. Dans un autre saladier, mélangez les deux farines et le sel. Creusez un puits au centre et versez petit à petit le mélange œufs, eau et beurre. Battez énergiquement à l'aide d'un fouet pour obtenir une pâte fluide et sans grumeaux. Laissez reposer 1 heure. Si la pâte est trop épaisse, ajoutez un peu d'eau pour la fluidifier.

Faites chauffer une poêle à crêpes légèrement beurrée. Versez une petite louche de pâte et tournez la poêle pour bien répartir la pâte. Laissez cuire jusqu'à ce que les bords se décollent. À l'aide d'une spatule, retournez la galette et prolongez la cuisson de 1 minute. Empilez les galettes sur une assiette.

Dans un bol, écrasez à l'aide d'une fourchette les crottins de Chavignol. Ajoutez le chèvre frais et remuez le tout. Coupez les abricots secs en petits morceaux et incorporez-les à la préparation. Salez et poivrez.

Chauffez la poêle légèrement beurrée. Disposez une galette dessus. Avec une cuillère, mettez au centre de la galette un peu de préparation au fromage et des abricots secs. Laissez la galette 1 ou 2 minutes à feu doux. Le fromage doit commencer à fondre légèrement. À ce moment, rabattez deux bords opposés de la galette à l'aide d'une spatule, puis rabattez les deux autres bords afin de former un petit paquet carré. Chauffez le pannequet 30 secondes sur l'autre face. Servez chaud.

Ces « asperges » déguisées se laissent grignoter du bout des doigts lors d'un apéritif dînatoire. Une façon originale et gourmande d'accomoder les asperges…

Asperges roulées au Parme

PRÉPARATION : 20 MIN

CUISSON : 15 MIN
+ 3 MIN PAR GALETTE

REPOS : 1 H

POUR 6 À 8 GALETTES

> 2 œufs
> 25 cl d'eau
> 30 g de beurre fondu
+ 20 g pour la cuisson
> 100 g de farine de sarrasin
> 30 g de farine de blé
> 2 pincées de sel

Pour la garniture

> 8 asperges vertes plutôt fines
> 125 g de ricotta
> 2 cuill. à soupe d'huile d'olive
> 10 feuilles de basilic
> 8 tranches fines de jambon de Parme
> sel et poivre du moulin

Dans un saladier, battez les œufs avec l'eau et le beurre fondu. Dans un autre saladier, mélangez les deux farines et le sel. Creusez un puits et versez petit à petit le mélange œufs, eau et beurre. Fouettez énergiquement pour obtenir une pâte fluide sans grumeaux. Laissez reposer 1 heure. Si la pâte est trop épaisse, ajoutez un peu d'eau.

Chauffer une poêle à crêpes légèrement beurrée. Versez une petite louche de pâte et tournez la poêle pour bien répartir la pâte. Quand les bords se décollent, retournez la galette et prolongez la cuisson de 1 minute. Empilez les galettes sur une assiette.

Lavez les asperges et coupez-les pour qu'elles mesurent 10 cm. Portez une casserole d'eau à ébullition et plongez-les dedans pendant 10 minutes environ. Elles doivent rester un peu fermes. Égouttez-les et disposez-les sur du papier absorbant.

Mélangez la ricotta et l'huile. Ajoutez le basilic ciselé. Salez et poivrez. Étalez ce mélange sur les galettes. Disposez les tranches de jambon sur un plan de travail et enroulez chacune autour de 1 asperge en laissant dépasser la pointe, puis posez sur un bord de chaque galette 1 asperge et enroulez le tout pour former un cigare.

Ces petites crêpes épaisses d'origine russe se servent chaudes. Elles sont moelleuses à souhait ! Recettes classiques comme celle au saumon ou plus originales, faites-vous plaisir, tout est permis.

Blinis classiques

PRÉPARATION : 15 MIN

CUISSON : 3 MIN PAR BLINI

REPOS : 1 H

POUR 12 BLINIS

- 175 g de farine
- 1 cuill. à soupe de levure de boulanger déshydratée
- 2 pincées de sel
- 25 cl de lait
- 5 cl de crème liquide
- 2 œufs
- 30 g de beurre fondu pour la cuisson

1 Dans un saladier, mélangez la farine, la levure et le sel. Faites tiédir le lait et la crème dans une casserole ou au four à micro-ondes. Séparez les blancs d'œufs des jaunes. Dans un bol, fouettez les jaunes avec le lait et la crème, puis incorporez petit à petit le tout à la farine en fouettant bien pour obtenir une pâte homogène.

2 Laissez reposer 1 heure. Lorsque la pâte a gonflé, montez les blancs d'œufs en neige et incorporez-les à la pâte.

3 Faites chauffer une poêle à blinis légèrement beurrée. Versez une louche de pâte sur une épaisseur d'environ 1 cm. Laissez cuire à feu moyen 2 minutes d'un côté et 1 minute de l'autre. Les blinis doivent dorer. Empilez-les et couvrez-les d'un torchon propre pour les garder chauds.

Suggestion : Servez, par exemple, avec du saumon fumé et une chantilly à l'aneth et aux baies roses.

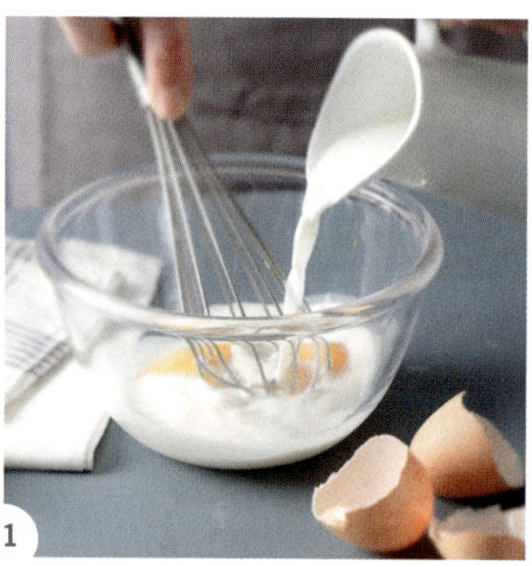

1

2

3

N'hésitez pas à servir ces blinis aux œufs brouillés et au bacon lors d'un brunch ! Vous pouvez aussi remplacer les tranches de bacon par du saumon fumé.

Blinis aux œufs brouillés et au bacon

PRÉPARATION : 20 MIN

CUISSON : 12 MIN
+ 3 MIN PAR BLINI

REPOS : 1 H

POUR 6 BLINIS

> 90 g de farine
> 1/2 cuill. à soupe de levure de boulanger déshydratée
> 1 pincée de sel
> 12 cl de lait
> 3 cl de crème liquide
> 1 œuf
> 20 g de beurre fondu pour la cuisson

Pour la garniture

> 12 tranches fines de bacon
> 15 g de beurre pour la cuisson
> 6 œufs
> 4 cl de crème liquide
> sel et poivre du moulin

Préchauffez le gril du four à 240 °C (therm. 8). Dans un saladier, mélangez la farine, la levure et le sel. Faites tiédir le lait et la crème dans une casserole ou au four à micro-ondes. Séparez le blanc d'œuf du jaune. Dans un bol, fouettez le jaune avec le lait et la crème, puis incorporez petit à petit le tout à la farine en fouettant bien pour obtenir une pâte homogène. Laissez reposer 1 heure. Lorsque la pâte a gonflé, montez le blanc d'œuf en neige et incorporez-le à la pâte.

Faites chauffer une poêle à blinis légèrement beurrée. Versez une louche de pâte sur une épaisseur d'environ 1 cm. Laissez cuire à feu moyen 2 minutes d'un côté et 1 de l'autre. Ils doivent dorer. Empilez-les et couvrez-les d'un torchon propre pour les garder chauds ou maintenez-les dans le four à 100 °C (therm. 3-4).

Préparez la garniture. Faites griller les tranches de bacon au four environ 3 minutes de chaque côté. Sortez-les du four et couvrez-les d'une feuille d'aluminium pour les garder au chaud. Cassez les œufs dans un saladier et battez-les légèrement à l'aide d'une fourchette. Salez et poivrez. Faites fondre le beurre dans une casserole et faites cuire les œufs à feu très doux en remuant sans cesse à l'aide d'un fouet. Quand les œufs commencent à prendre une consistance plus ferme, retirez-les du feu. Ajoutez la crème liquide et remuez. Ils doivent avoir une consistance crémeuse.

Surmontez aussitôt chaque blini d'œufs brouillés et de 2 tranches de bacon grillé.

Des blinis parfumés et pleins de goût, qu'il n'est même pas nécessaire de tartiner, puisque la garniture est incorporée à la pâte... Au final ? Un résultat savoureux en un minimum de temps de préparation. Servez-les en entrée avec une salade verte.

Blinis courgettes-feta

PRÉPARATION : 15 MIN

CUISSON : 3 MIN PAR BLINI

REPOS : 1 H

POUR 12 BLINIS

> 150 g de courgettes râpées (grosse grille)
> 1 cuill. à soupe de sel
> 175 g de farine
> 1 cuill. à soupe de levure de boulanger déshydratée
> 2 pincées de sel
> 25 cl de lait
> 5 cl de crème liquide
> 2 œufs
> 30 g de beurre fondu pour la cuisson
> 150 g de feta émiettée
> 1 cuill. à soupe de thym frais ciselé
> poivre du moulin

Mettez les courgettes râpées à dégorger avec le sel pendant 30 minutes. Égouttez-les et disposez-les sur du papier absorbant.

Pendant ce temps, préparez la pâte à blinis. Dans un saladier, mélangez la farine, la levure et le sel. Faites tiédir le lait et la crème dans une casserole ou au four à micro-ondes. Séparez les blancs d'œufs des jaunes. Dans un bol, fouettez les jaunes avec le lait et la crème, puis incorporez petit à petit le tout à la farine en fouettant bien pour obtenir une pâte homogène. Laissez reposer 1 heure. Lorsque la pâte a gonflé, montez les blancs d'œufs en neige et incorporez-les à la pâte.

Ajoutez alors les courgettes égouttées, la feta émiettée, le thym et poivrez. Remuez délicatement pour incorporer tous les ingrédients.

Faites chauffer la poêle légèrement beurrée. Versez une louche de pâte sur une épaisseur d'environ 1 cm. Laissez cuire à feu moyen 2 minutes d'un côté et 1 minute de l'autre. Ils doivent dorer. Couvrez-les d'un torchon propre pour les garder chauds, ou maintenez-les dans le four à 100 °C (therm. 3-4).

Variante : Remplacez le thym par de la ciboulette ou du basilic.

Voici un mille-feuilles pour le moins original ! Cette version a un petit air scandinave mais rien ne vous empêche de varier les ingrédients pour lui donner d'autres influences... Avocat, laitue iceberg, mozzarella, caviar d'aubergine, par exemple.

Mille-feuilles de blinis aux graines de pavot

PRÉPARATION : 20 MIN

CUISSON : 3 MIN PAR BLINI

REPOS : 1 H

POUR 3 MILLE-FEUILLES

> 175 g de farine
> 1 cuill. à soupe de levure de boulanger déshydratée
> 2 pincées de sel
> 25 cl de lait
> 5 cl de crème liquide
> 2 œufs
> 2 cuill. à soupe de graines de pavot
> 30 g de beurre fondu pour la cuisson

Pour la garniture

> quelques feuilles de roquette
> 250 g de tarama
> 300 g de tzatziki
> 100 g de crème fraîche
> 50 g d'œufs de saumon ou de lump

Dans un saladier, mélangez la farine, la levure et le sel. Faites tiédir le lait et la crème dans une casserole ou au four à micro-ondes. Séparez les blancs d'œufs des jaunes. Dans un bol, fouettez les jaunes avec le lait et la crème, puis incorporez petit à petit le tout à la farine en fouettant bien pour obtenir une pâte homogène. Laissez reposer 1 heure. Lorsque la pâte a gonflé, montez les blancs d'œufs en neige et incorporez-les à la pâte. Ajoutez les graines de pavot et remuez à nouveau.

Chauffez la poêle légèrement beurrée. Versez une louche de pâte sur une épaisseur d'environ 1 cm. Laissez cuire à feu moyen 2 minutes d'un côté et 1 minute de l'autre. Ils doivent dorer. Empilez-les et couvrez-les d'un torchon propre pour les garder chauds, ou maintenez-les dans le four à 100 °C (therm. 3-4).

Commencez à dresser un mille-feuille. Disposez quelques feuilles de roquette sur un premier blini, puis couvrez d'un second. Tartinez ce dernier de tarama, puis recouvrez-le d'un autre blini. Étalez sur ce dernier du tzatziki, puis surmontez d'un dernier blini. Terminez par un peu de crème et des œufs de saumon. Procédez de même avec les blinis restants.

Suggestion : Si vous le souhaitez, réduisez le nombre de couches.

Ces blinis sont copieux et délicieux ! Ils fondent sous le palais pour le plus grand plaisir de tous.

Blinis aux épinards et au gorgonzola

PRÉPARATION : 15 MIN

CUISSON : 3 MIN PAR BLINI

REPOS : 1 H

POUR 12 BLINIS

> 80 g de farine de blé
> 80 g de farine de sarrasin
> 7 g de levure de boulanger déshydratée
> 2 pincées de sel
> 25 cl de lait
> 5 cl de crème liquide
> 2 œufs
> 30 g de beurre fondu pour la cuisson
> 80 g de pousses d'épinards
> 150 g de gorgonzola
> poivre du moulin

Dans un saladier, mélangez les farines, la levure et le sel. Faites tiédir le lait et la crème dans une casserole ou au four à micro-ondes. Séparez les blancs d'œufs des jaunes. Dans un bol, fouettez les jaunes avec le lait et la crème, puis incorporez petit à petit le tout à la farine en fouettant bien pour obtenir une pâte homogène. Laissez reposer 1 heure.

Lorsque la pâte a gonflé, montez les blancs d'œufs en neige et incorporez-les à la pâte. Ajoutez les pousses d'épinard et remuez de façon à bien les intégrer à la pâte.

Coupez le gorgonzola en fines lamelles. Pour cela, n'hésitez pas à le mettre quelques minutes au congélateur, il sera ainsi plus facile à couper. Réservez le gorgonzola dans une assiette.

Faites chauffer une poêle à blinis légèrement beurrée. Versez une louche de pâte sur une épaisseur d'environ 1 cm. Si des feuilles d'épinard dépassent du blini, aidez-vous d'une fourchette pour les repousser vers l'intérieur. Sans attendre, déposez 2 ou 3 lamelles de gorgonzola sur le blini en prenant soin de les enfoncer un peu dans la pâte pas encore cuite afin qu'elle les recouvre. Donnez 1 tour de moulin à poivre. Laissez cuire à feu moyen 2 minutes d'un côté et 1 minute de l'autre. Ils doivent dorer. Empilez-les et couvrez-les d'un torchon propre pour les garder chauds, ou maintenez-les dans le four à 100 °C (therm. 3-4).

Ces mini-blinis sont parfaits pour l'apéritif. Servez-les tout simplement accompagnés de tapenade verte ou noire ! Si vous utilisez une grande poêle antiadhésive, vous pourrez disposer plusieurs tas de pâte en même temps et ainsi faire cuire plusieurs mini-blinis à la fois.

Mini-blinis au pesto et aux pignons

PREPARATION : 15 MIN

CUISSON : 2 MIN PAR BLINI

REPOS : 1 H

POUR 25 MINI-BLINIS

> 175 g de farine
> 1 cuill. à soupe de levure de boulanger déshydratée
> 2 pincées de sel
> 2 œufs
> 25 cl de lait
> 5 cl de crème liquide
> 4 cuill. à café de pesto
> 10 feuilles de basilic
> 40 g de pignons
> 30 g de beurre fondu pour la cuisson
> poivre du moulin

Dans un saladier, mélangez la farine, la levure et le sel. Faites tiédir le lait et la crème dans une casserole ou au four à micro-ondes. Séparez les blancs d'œufs des jaunes. Dans un bol, fouettez les jaunes avec le lait et la crème, puis incorporez petit à petit le tout à la farine en fouettant bien pour obtenir une pâte homogène. Laissez reposer 1 heure. Lorsque la pâte a gonflé, ajoutez-y le pesto et le basilic ciselé.

Faites griller à sec dans une poêle les pignons et ajoutez-les à la pâte. Poivrez. Montez les blancs d'œufs en neige et incorporez-les à la pâte. Remuez délicatement.

Beurrez une poêle à blinis. Quand celle-ci est chaude versez une toute petite louche de pâte sur une épaisseur d'environ 1 cm de façon à former des mini-blinis d'environ 5 cm de diamètre. Laissez cuire à feu moyen environ 1 minute de chaque côté. Les blinis doivent être bien dorés. Empilez-les et couvrez-les d'un torchon propre ou maintenez-les au chaud dans le four à 100 °C (therm. 3-4).

Vous pouvez servir ces blinis de pommes de terre pour accompagner une grillade ! Ils constitueront ainsi une savoureuse et originale alternative aux pommes de terre sautées.

Blinis de pommes de terre au cantal

PRÉPARATION : 10 MIN

CUISSON : 15 À 20 MIN
+ 3 MIN PAR BLINI

POUR 10 BLINIS

> 350 g de pommes de terre à chair farineuse (bintje)
> 15 g de gros sel
> 80 g de cantal
> 3 œufs
> 3 cuill. à soupe d'huile pour la cuisson
> sel et poivre du moulin

Épluchez les pommes de terre et taillez-les en gros cubes. Lavez-les. Mettez-les dans une casserole et recouvrez-les d'eau froide. Ajoutez le gros sel et portez à petite ébullition. Les pommes de terre sont cuites lorsque la pointe d'un couteau pénètre facilement dans la chair.

Coupez le cantal en petits copeaux à l'aide d'un couteau Économe. Séparez les blancs d'œufs des jaunes. Égouttez les pommes de terre et passez-les au presse-purée. Mettez la purée dans un saladier et ajoutez-y les jaunes d'œufs et les copeaux de cantal. Remuez. Fouettez les blancs en neige et incorporez-les petit à petit à la préparation. Salez et poivrez selon votre goût.

Huilez une poêle à blinis. Quand elle est chaude, versez une petite louche de pâte sur une épaisseur d'environ 1 cm. Laissez cuire à feu moyen 2 minutes d'un côté et 1 minute de l'autre. Ils doivent dorer. Empilez-les et couvrez-les d'un torchon propre pour les garder chauds, ou maintenez-les dans le four à 100 °C (therm. 3-4). Servez immédiatement.

Variante : Utilisez du reblochon ou de la mimolette.

Lorsqu'il est fumé, l'églefin prend le nom de haddock : il est légèrement salé, puis longuement fumé à basse température. S'il est orangé, c'est parce qu'il a été trempé dans un bain coloré au rocou (fruit du rocouyer).

Blinis à la farine de châtaigne et au haddock

PRÉPARATION : 15 MIN

CUISSON : 3 MIN PAR BLINI

REPOS : 1 H

POUR 6 BLINIS

> 25 g de farine de blé
> 60 g de farine de châtaigne
> 1/2 cuill. à soupe de levure de boulanger déshydratée
> 1 pincée de sel
> 15 cl de lait
> 1 œuf
> 15 g de beurre fondu pour la cuisson

Pour la garniture

> 100 g de haddock fumé
> le jus de 1 citron vert
> 125 g de fromage blanc
> 50 g de crème fraîche
> 1 cuill. à soupe de ciboulette ciselée
> pousses germées (alfalfa)
> sel et poivre du moulin

Dans un saladier, mélangez les farines, la levure et le sel. Faites tiédir le lait dans une casserole ou au four à micro-ondes. Séparez le blanc d'œuf du jaune. Dans un bol, fouettez le jaune avec le lait, puis incorporez petit à petit le tout à la farine en fouettant bien pour obtenir une pâte homogène. Laissez reposer 1 heure. Lorsque la pâte a gonflé, montez le blanc d'œuf en neige et incorporez-le à la pâte.

Faites chauffer une poêle à blinis légèrement beurrée. Versez une louche de pâte sur une épaisseur d'environ 1 cm. Laissez cuire à feu moyen 2 minutes d'un côté et 1 minute de l'autre. Ils doivent dorer. Empilez-les et couvrez-les d'un torchon propre pour les garder chauds, ou maintenez-les dans le four à 100 °C (therm. 3-4).

Découpez le haddock fumé en fines lamelles sans la peau. Faites-les mariner de 10 à 15 minutes dans le jus de citron. Dans un bol, mélangez le fromage blanc, la crème fraîche, la ciboulette ciselée, salez et poivrez. Incorporez ensuite les lamelles de haddock mariné. Remuez bien le tout.

Recouvrez généreusement les blinis de haddock à la crème et décorez avec des graines germées.

Variante : Remplacez le haddock par du flétan ou de l'espadon fumé. Pour une note plus scandinave, vous pouvez même utiliser du hareng fumé.

Moitié farine de blé, moitié farine de sarrasin… C'est ce qui donne à ce blini ce goût particulier qui se marie fort bien avec la carotte !

Blinis carottes-noisettes

PRÉPARATION : 15 MIN

CUISSON : 3 MIN PAR BLINI

REPOS : 1 H

POUR 12 BLINIS

> 80 g de farine de blé
> 80 g de farine de sarrasin
> 7 g de levure de boulanger déshydratée
> 2 pincées de sel
> 25 cl de lait
> 5 cl de crème liquide
> 2 œufs
> 20 g de noisettes
> 150 g de carottes
> 1/2 cuill. à café de cannelle
> 30 g de beurre fondu pour la cuisson

Dans un saladier, mélangez les farines, la levure et le sel. Faites tiédir le lait et la crème dans une casserole ou au four à micro-ondes. Séparez les blancs d'œufs des jaunes. Dans un bol, fouettez les jaunes avec le lait et la crème, puis incorporez petit à petit le tout à la farine en fouettant bien pour obtenir une pâte homogène. Laissez reposer 1 heure. Lorsque la pâte a gonflé, montez les blancs d'œufs en neige et incorporez-les à la pâte.

Faites griller les noisettes à sec dans une poêle, puis concassez-les. Ajoutez-les à la pâte ainsi que les carottes râpées finement et la cannelle. Mélangez délicatement pour bien intégrer ces nouveaux ingrédients à la pâte.

Faites chauffer une poêle à blinis légèrement beurrée. Versez une louche de pâte sur une épaisseur d'environ 1 cm. Laissez cuire à feu moyen 2 minutes d'un côté et 1 minute de l'autre. Ils doivent dorer. Empilez-les et couvrez-les d'un torchon propre pour qu'ils restent chauds.

Suggestion : Ajoutez quelques graines de fenouil à la pâte.

Proposez ces mini-blinis à l'apéritif... ou emmenez-les en pique-nique ! Tartinez-les de ricotta aux herbes, par exemple. Si vous le souhaitez, vous pouvez aussi n'utiliser que de la farine de blé.

Mini-blinis curry-coriandre

PRÉPARATION : 15 MIN

CUISSON : 2 MIN PAR BLINI

REPOS : 1 H

POUR 25 MINI-BLINIS

> 80 g de farine de blé
> 80 g de farine de sarrasin
> 7 g de levure de boulanger déshydratée
> 2 pincées de sel
> 25 cl de lait
> 5 cl de crème liquide
> 2 œufs
> 3 cuill. à café de curry
> 1 bouquet de coriandre ciselée
> 30 g de beurre fondu

Pour la ricotta aux herbes

> 150 g de ricotta
> 125 g de fromage blanc
> 3 cuill. à soupe de coriandre ciselée
> 1 cuill. à soupe de ciboulette ciselée
> 1 cuill. à soupe d'huile d'olive
> sel et poivre du moulin

Dans un saladier, mélangez les farines, la levure et le sel. Faites tiédir le lait et la crème dans une casserole ou au four à micro-ondes. Séparez les blancs d'œufs des jaunes. Dans un bol, fouettez les jaunes avec le lait et la crème, puis incorporez petit à petit le tout à la farine en fouettant bien pour obtenir une pâte homogène. Laissez reposer 1 heure. Lorsque la pâte a gonflé, montez les blancs d'œufs en neige et incorporez-les à la pâte. Ajoutez le curry et la coriandre ciselée et remuez.

Faites chauffer une poêle à blinis légèrement beurrée. Versez une toute petite louche de pâte sur une épaisseur d'environ 1 cm, de façon à former un mini-blini d'environ 5 cm de diamètre. Laissez cuire à feu moyen environ 1 minute de chaque côté. Les blinis doivent être bien dorés. En attendant de tous les cuire, maintenez-les au chaud dans le four à 100 °C (therm. 3-4).

Préparez la ricotta aux herbes. Mélangez dans un bol la ricotta, le fromage blanc, les herbes et l'huile. Salez et poivrez.

Servez les blinis au curry accompagnés de la ricotta aux herbes.

TABLE DES ÉQUIVALENCES FRANCE-CANADA

POIDS

55 g	2 onces	200 g	7 onces	500 g	17 onces
100 g	3 onces	250 g	9 onces	750 g	26 onces
150 g	5 onces	300 g	10 onces	1 kg	35 onces

Ces équivalences permettent de calculer le poids à quelques grammes près (en réalité, 1 once = 28 g).

CAPACITÉS

25 cl	1 tasse	75 cl	3 tasses
50 cl	2 tasses	1 l	4 tasses

Pour faciliter la mesure des capacités, une tasse équivaut ici à 25 cl (en réalité, 1 tasse = 8 onces = 23 cl).

Direction éditorial Véronique de Finance-Cordonnier
Édition Julie Tallet
Direction artistique Emmanuel Chaspoul
Mise en page Martine Debrais
Couverture Véronique Laporte
Fabrication Annie Botrel

Corinne Jausserand remercie vivement : Isabelle de Margerie pour ses belles créations en céramique - www.idemargerie.com ; Jeanine Cros pour son magnifique linge ancien -11, rue d'Assas - 75006 PARIS ; Collection Regard pour ses remarquables céramiques - www.collection-regards.com ; The Conran shop - www.conranshop.fr ; La vaissellerie : 85, rue de Rennes - 75006 PARIS ; Les peintures Ressource pour leurs belles teintes - www.ressource-peinture.com, tel : 01 45 61 38 05.

Un grand merci à Sandrine, originaire de Saint-Cast, pour ses recettes de crêpes et ses bonnes idées ! Merci à Caroline avec qui j'ai toujours autant de plaisir à travailler. Merci à ma famille et à mes amis qui m'ont aidée et encouragée pour la réalisation de cet ouvrage.

ISBN 978-2-03-585191-8

Photogravure Turquoise, Émerainville
Imprimé en Espagne par Graficas Estella, Estella
Dépôt légal : septembre 2010
304603/01 – 11011100 juillet 2010